Zöpfe flechten

Für den Anfänger ist es ratsam, dies mit Plastik-Trinkhalmen zu üben. Auch diese werden durch kurzes Tauchen in heißes Wasser weich und geschmeidig.

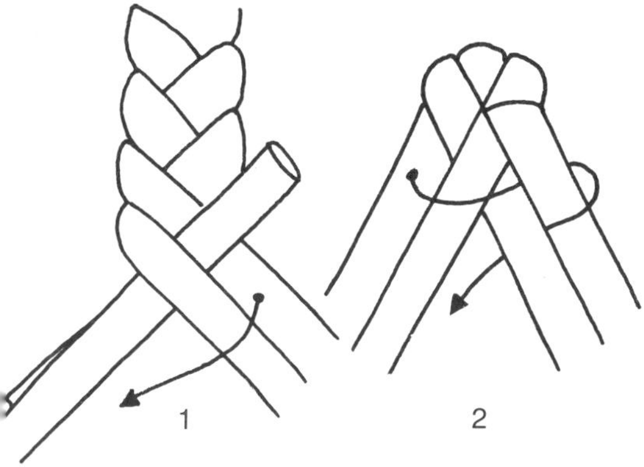

So wird es mit Strohhalmen gemacht:
Binden Sie nun 3 Halme mit dem Faden ein kurzes, etwa 1 cm langes Stück ab und beginnen wie bei einem Band zu flechten. Beachten Sie dabei, daß der einzelne Flechthalm immer umgeschlagen wird, d. h. daß die obere Seite beim Umschlagen immer unten liegt. Das ergibt einen flachen, gleichmäßigen Zopf. Soll der Zopf 15 cm und länger werden, muß kurz vor Ende des Flechthalmes ein neuer eingesetzt werden (siehe Abb. 1). Dabei sollte der alte Halm zusammen mit dem neuen noch zwei Flechtgänge weit mitgenommen werden, damit beide Halme nicht herausrutschen. Erst dann kann der überstehende Rest knapp abgeschnitten werden.
Zöpfe mit 4 Halmen werden genauso hergestellt.
Man beginnt hier wieder mit 3 Flechthalmen. Der übrig gebliebene vierte Halm wird immer auf der rechten Seite unter den dritten Halm gelegt. Das Einsetzen neuer Halme wie beim Dreier-Zopf.

Fächer binden

Die angegebene Halmzahl wird in die linke Hand genommen. Jetzt drückt man mit Daumen und Zeigefinger alle Halme am unteren Halmteil ganz eng und flach zu-

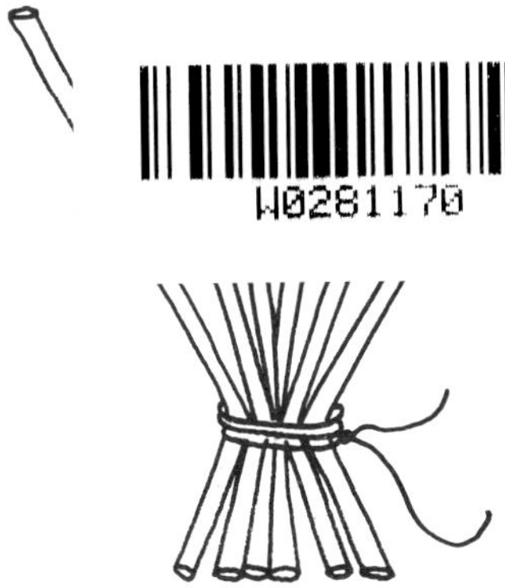

sammen. Mit der rechten Hand umwickelt man nun mit dem stabilen Faden alle Halme dreimal in ca. 2 cm Höhe, gemessen vom unteren Halmende. Beim Umwickeln wird Anfang und Ende des Fadens fest nach links und rechts gezogen, so daß die Strohhalme sich nach oben hin ausfächern. Faden doppelt verknoten und abschneiden.
Gelingt das Fächerbinden mit allen angegebenen Halmen nicht auf das erste Mal, teilt man sich die Halme in zwei Gruppen auf und bindet zunächst zwei Fächer daraus. Diese beiden Fächer werden dann an der jeweiligen Fadenbindestelle wieder zusammengebunden.

Kettwebung

Der Faden kreuzt jeweils beim nächsten Halm.

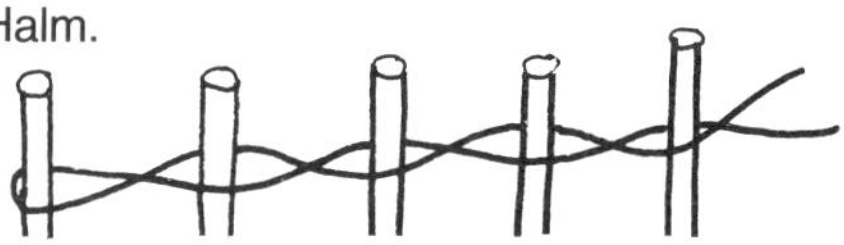

Rad binden

Genau wie beim Fächer binden. Nur wird der Faden hier in der Mitte der Halme dreimal umwickelt und wieder so fest angezogen, daß sich die Strohhalme nach allen Seiten auseinanderspreizen. Mit dem feinen, gespaltenen Strohhalm oder dem Faden werden dann die einzelnen Halme in Kettwebung zum Rad zusammengeschlossen, doppelt verknotet und der Faden abgeschnitten.

Was braucht man dazu?

Eine scharfe, spitze, ca. 12 cm lange Schere,
Baumwoll- oder Häkelgarn oder stabiler heller Nähfaden,
für große Sterne MEZ-Häkelgarn, 10 oder 20 mm stark, beige,
gebleichtes Bastelstroh, 18 bis 22 cm lang,
ungebleichtes „rohes" Roggenstroh, etwa 40 cm lang (es kann auch selbstgeerntetes Stroh mit unbeschädigten Halmen verwendet werden),
Rauchährenhalme,
grüne Grashalme und Binsen,
Klebstoff.
Dies alles, sowie das hier sonst verwendete Zubehör, ist in allen Bastelgeschäften erhältlich.

So wird es gemacht – Grundform

Man schneidet sich 4 gleichlange, gleichstarke Strohhalme und ein etwa 10 cm langes Fadenstück zurecht.
Zwischen Daumen und Zeigefinger legt man nun 2 Halme zum Kreuz übereinander und 2 Halme darüber schräg in die beiden Zwischenräume des Kreuzes.
Dabei werden die vier Halme mit den beiden Fingern in der Mitte leicht zusammengedrückt, damit sie nicht übereinander rutschen. Den Fadenanfang legt man sich nun zwischen den kleinen Finger und den Ringfinger und beginnt mit dem Flechten des restlichen Fadenstückes *über* dem letzten, obenaufliegenden Halm. Stoßen Anfang und Ende des Fadens aneinander, wird der Stern auf's Gesicht gelegt, also auf die andere Seite gedreht, so daß sich die beiden Fäden überkreuzen. Erst jetzt werden beide Fadenteile doppelt miteinander verknotet und die Fadenenden abgeschnitten.
Zum Schluß wird jeder Halm zurechtgeschnitten.
Der Stern erhält mehr Fülle, setzt man einen zweiten Grundstern obenauf, in den Zwischenraum des ersten, und verwebt beide Sterne in derselben Technik miteinander.

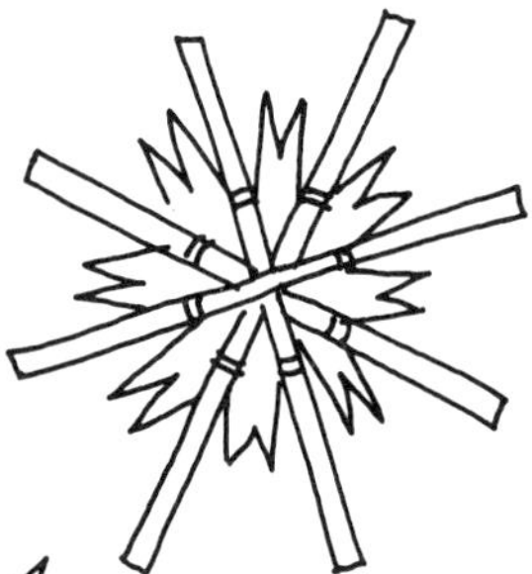

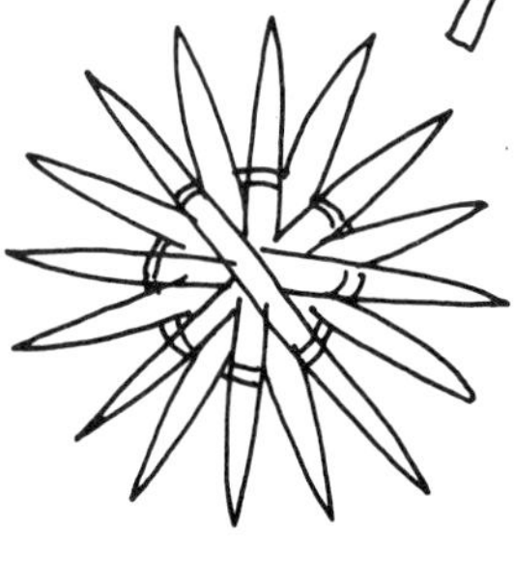

Der Strohstern hat eine lange Vorgeschichte; er ist heute wie vor Jahrhunderten sehr beliebt: als dekorativer Fenster- und Wandschmuck, als Zierde auf Grußkarten und in der Advents- und Weihnachtszeit als Tischschmuck. Der hell leuchtende, phantasievoll gearbeitete Strohstern ist gerade heute wieder ein begehrenswerter Schmuck für den Weihnachtsbaum.
Stroh ist naturgewachsenes Material, mit dem man sich vertraut machen muß. Fangen Sie deshalb mit einfachen Sternen an. Sie werden bald herausfinden, was möglich ist und wo die Grenzen liegen, daß z. B. die Halme nur eine gewisse Länge haben, die von mehreren Knoten unterbrochen ist, daß sie an einem Ende dünner sind als am anderen, dadurch aber ineinandergesteckt werden können. Strohsterne verlangen genaues Arbeiten und einen guten Blick für das Ornament.
Schon Ihr erster Stern, so einfach er auch sei, wird Sie beglücken und zu weiteren Versuchen anspornen. Wenn dann auch nicht alles sofort klappt, mit einigem Bemühen werden Sie bald aus diesem herrlichen Naturmaterial bewundernswerte Dekorationen zaubern.

Grundsätzliche Dinge

Stroh und Gräser sind hart. Damit sie nicht brechen, müssen sie gut eingeweicht werden, Stroh etwa 1/2 bis 1 Stunde in warmem bis heißem Wasser, Gräser 2 bis 3 Stunden in kaltem Wasser, damit die Grünfarbe erhalten bleibt, Binsen etwa 1/2 Stunde.

Vor dem Bügeln müssen Strohhalme ebenfalls eingeweicht werden. Lassen sie sich dann gut drücken, schlitzt man sie mit einem scharfen Messer oder einer Schere der Länge nach auf und bügelt sie mit großer Hitze auf einem Stapel Zeitungspapier. Die Zeitung ist nötig, weil bunte Halme abfärben, auch würde die Decke durch längeres Bügeln bräunen. Durch kürzeres oder längeres Bügeln können beim naturfarbenen Stroh hellere oder dunklere Nuancen erzielt werden. Sterne aus gebügeltem Stroh haben allerdings eine linke und eine rechte Seite. Sie eignen sich deshalb gut zur Tischdekoration oder auf Grußkarten. Farbkontraste und Schnitt verleihen diesen Sternen ihre Eleganz. Sterne aus ganzen Halmen wirken rustikaler.

Suchen Sie sich für jeden Stern, den Sie arbeiten wollen, immer die passende Halmstärke aus, d. h. für kleine und mittlere Sterne dünne und mittelstarke Halme, für große Sterne dicke Halme, für Sterne aus gebügeltem Stroh zurechtgeschnittene Strohstreifen.

Legen Sie sich vor dem Zusammenbinden des einzelnen Sternes die entsprechende Halmzahl und ein langes Fadenstück zurecht. Verwenden Sie zunächst nur gleichlange Halme, die anschließend unterschiedlich lang zugeschnitten werden.

Schon beim einfachen Stern ist wichtig, daß er sorgfältig zusammengebunden wird. Ist er zu locker gebunden, fallen die nachher trockenen Halme durch den Faden, ist er zu fest gebunden, wird der einzelne Halm leicht zerdrückt.

Der Charakter des naturgewachsenen Materials ist zu berücksichtigen.

Das Zurechtschneiden erfolgt immer ganz zum Schluß, wenn der Strohstern fertig gebunden und die Halme in gleichmäßiger Länge nach allen Seiten ausgerichtet sind. Das Schneiden bedarf sorgfältiger Übung und Ruhe. Ausgetrocknetes Stroh oder Gras taucht man einfach kurze Zeit ins Wasser. Auch zum Schneiden muß der Halm noch feucht sein, damit er nicht reißt. Unterlegen Sie zum Schneiden am besten die Schere mit dem Ring- oder Mittelfinger und drücken Sie den Strohhalm ein klein wenig flach. So rutscht die Schere nicht ab.

Für die Herstellung von Strohkugeln besorgt man sich beim Schreiner ein rundes Holzklötzchen von ca. 18 bis 20 cm Durchmesser, je nach verwendeter Halmlänge. Vielleicht finden Sie auch in der Spielkiste der Kinder ein passendes Stück. Es kann auch ein leeres Babynahrungsglas sein.

Um diesen Gegenstand binden Sie nun den nassen Strohhalm. Hierbei ist wichtig, daß der Halm ganz flach angedrückt wird, so daß keine Knicke darin sind. Mit dem Faden binden Sie dann Anfang und Ende zusammen und lassen das Ganze trocknen. Danach wird der trockene Ring am Anfang und Ende übereinander zum Kreis zusammengebunden. Für eine Kugel braucht man vier geschlossene Ringe, die an der jeweiligen Bindestelle wie zu einem Stern kreuzförmig (Abb. A) übereinandergelegt und in Webtechnik umflochten werden. Ebenso wird auch das untere Kugelteil (Abb. B) zusammengebunden.

Abb. A

Abb. B

Für Zopfkugeln werden 4 viersträhnige Zöpfe geflochten. Die einzelnen Zöpfe werden dann ebenfalls über den runden Gegenstand gelegt und zum Trocknen zusammengebunden.

Linker Strohstern

20 mittelstarke, 20 bis 22 cm lange Halme werden in der Mitte abgebunden. Von dort aus werden nun immer 5 Halme in 2 cm Höhe jeweils zu 8 Büscheln zusammengebunden.
Jedes dieser 8 Büschel wird nun wieder geteilt und immer 2 Halme des nächstfolgenden Büschels zu den Sternspitzen zusammengebunden. Der übrig gebliebene mittlere Halm zwischen den Spitzen wird ca. 2 cm lang, schräg abgeschnitten.

Rechter Strohstern

Hier verfährt man ebenso. Aus 8 mittelstarken, 22 cm langen Halmen wird wiederum die Mitte gebunden. Nun werden, von der Mitte aus 1 cm abgemessen, immer zwei Halme zusammengebunden. Diese 8 Büschelchen werden jetzt wieder geteilt und immer mit einem übernächsten Halm des Büschels zur Zacke abgebunden. Kurze Zacken 5 cm, lange Zacken 8 cm lang.
Dieser Stern kann auch mit der doppelten Halmzahl gefertigt werden.

Oberer linker Dreieckstern

6 dicke Strohhalme, 11 cm lang.

Aus je 3 Halmen werden zunächst zwei gleichgroße Dreiecke gebunden. Äußere, überstehende Spitzen ca. 1 cm lang. Beide Dreiecke legt man jetzt so aufeinander, daß an allen 6 Seiten eine Spitze liegt. Auf gleichmäßige Größe der einzelnen Ecken ist hier zu achten. Am besten mißt man sie mit dem Maßband ab. Die sich überschneidenden Strohhalme des unteren und oberen Dreiecks werden zweimal umwickelt und abgebunden. Der Faden sollte hier nicht zu fest angezogen werden, damit die Dreieckspitzen nicht abknicken.

Unterer linker Stern

32 mittelstarke Halme, 21 bis 22 cm lang.

Alle 32 Strohhalme werden zu 4, 2 und 1 Stern zusammengefügt. Genau wie beim vorangegangenen Stern.
Alle nach oben stehenden Halme werden nun, 2 cm von der Außenkante abgemessen, mit dem Faden dreimal umwickelt und angezogen, daß die 4 kurzen Halmstücke sich leicht spreizen. Sie haben nun acht fertig abgebundene Bündel auf der oberen Seite. Der ganze Stern wird nun auf die andere Seite umgedreht und 4 Halme werden wieder in der gleichen Höhe wie die erste Seite abgebunden. Beachten Sie hierbei, daß diese zweiten Bündel genau im Zwischenraum der ersten liegen.
Die Bündelspitzen können nun wie abgebildet, mit der offenen Schere von unten her, schräg nach innen zu, oder aber einfach gerade abgeschnitten werden.

Oberer rechter Stern

32 mittelstarke Halme, 18 cm lang.

Aus diesen 32 Halmen binden Sie zunächst 4 Sterne zu je 8 Halmen. Diese 4 Sterne werden dann zu 2 Sternen zusammengebunden, beide Sterne wieder zum Endstern. Alle nach oben stehenden Halme werden 2 cm schräg abgeschnitten. Der nach rückwärts sich neigende Kranz wird in seiner ursprünglichen Länge belassen, also nur zum gleichmäßigen Rund gerade abgeschnitten.

Unterer rechter Stern

Als Vorarbeit wird ein Strohring angefertigt, Durchmesser 3 cm. Hierzu wird der nasse Strohhalm flach über ein Holzklötzchen angedrückt, mit dem Faden zusammengebunden und getrocknet, danach zum Kreis geschlossen (siehe Herstellung von Strohkugeln).
Sieben Zacken, gleichmäßige Höhe 4 cm, werden nun auf den flachen Strohring gebunden. Die erste Zacke beginnt an der Bindestelle des Ringes. Die Spitze wird immer mit der Schere nach unten abgeknickt und die nach unten verlaufende Spitze im Abstand von 1,5 cm zur nächsten immer wieder an den Strohring angebunden. Aus einem Strohhalm können Sie zwei Spitzen arbeiten. Das Ansetzen des neuen Halmes erfolgt immer an das Ende des alten Halmes, Fadenbindestelle auf Fadenbindestelle.
Diesen Stern können Sie auch in jeder beliebigen Größe arbeiten. Der Strohring muß dann entsprechend größer oder kleiner sein. Der Abstand der einzelnen Sternenzacke enger oder weiter. Dies rechnet man sich am besten vorher aus.

Sterne aus gebügeltem Stroh

Vorbereitung

Schneiden Sie immer zuerst die erforderlichen Strohstreifen in der angegebenen Breite zurecht. Zum Abbinden genügt hier ein leichter Zwirnsfaden. Ein starker würde das Stroh zerbrechen.

1. Reihe

Linker Stern:

Hier bindet man einen Stern aus 4 hellen Streifen, 11 cm lang und 1 cm breit,
und einen Stern aus 4 hellen Streifen, 11 cm lang und 2 cm breit.
Den Stern mit den schmalen Streifen legt man nun auf den anderen und verwebt beide miteinander.
Die breiten Streifenteile werden nun ein klein wenig kürzer zurechtgeschnitten, die schmalen Streifenteile in ihrer Länge belassen und zugeschnitten, Schnittmuster siehe Bild.

Mittlerer Stern:

Binden Sie einen Stern aus 4 dunklen Streifen, 1 cm breit,
und einen Stern aus 4 hellen Streifen, 1 cm breit.
Der dunkle Stern wird auf den hellen gelegt und beide miteinander verwebt. Zuschnitt siehe Bild.

Rechter Stern:

4 helle Streifen, 0,5 cm breit, ergeben einen fertigen Stern und 4 dunkle Streifen, 1 cm breit, ergeben den anderen fertigen Stern. Der helle Stern wird auf den dunklen gelegt und beide miteinander verwebt. Zuschnitt siehe Bild.

2. Reihe

Linker Stern:

Binden Sie einen Stern aus 4 dunklen Streifen, 1 cm breit, 12 cm lang, 4 hellen Streifen, 1 cm breit, 12 cm lang;
einen zweiten Stern aus 8 hellen Streifen, 1 cm breit, 12 cm lang.
Legen Sie nun den zweiten Stern auf den ersten und verweben beide miteinander. Zuschnitt siehe Bild.

Mittlerer Stern:

8 dunkle Streifen, 10 cm lang, 1 cm breit, ergibt einen fertigen Stern;
8 helle Streifen, 11 cm lang, 0,5 cm breit, ergibt den anderen fertigen Stern.
Der helle Stern wird auf den dunklen gelegt und beide miteinander verwebt. Jeder zweite dunkle Streifen wird nun etwas kürzer geschnitten als die übrigen dunklen Streifen. Die hellen Streifen werden in ihrer ursprünglichen Länge belassen und zurechtgeschnitten. Schnitte siehe Bild.

Rechter Stern:

Machen Sie einen Stern aus 8 hellen Streifen, 11 cm lang, 1 cm breit,
und einen zweiten Stern aus 8 dunklen Streifen, 11 cm lang, 0,5 cm breit.
Den dunklen Stern legen Sie nun auf den hellen und verweben beide miteinander.
Zuschnitt siehe Bild.

3. Reihe

Jeder dieser drei Sterne besteht aus 8 hellen und 8 dunklen, ca. 12cm langen Streifen. Bei allen drei Sternen wird der dunkle Stern auf den hellen Stern gelegt und beide miteinander verwebt. (Schnitte siehe Foto.)

Sterne aus Stroh, Gräsern und Binsen

Gräser oder Binsen verleihen Sternen ein ganz anderes Aussehen. Die hier gezeigten Modelle wurden alle mit Seegras gearbeitet, das zur Erntezeit einen langen, buschigen Blütenstengel aufweist (siehe Bild).
Binsen und Gräser findet man in unseren heimischen Wäldern an seichten Stellen. Beides sollte grün geerntet werden, etwa Juli/August. Nach der Ernte müssen Blätter und Fruchtknoten entfernt und die Gräser und Binsen zum Trocknen ausgebreitet werden, damit beides nicht schimmelig wird.
Vor der Verarbeitung zu Sternen die Gräser und Binsen in kaltes Wasser legen.

Zum Binden benutzen Sie bitte wieder das stabilere Garn. Diese Sterne sehen an einem kahlen, schön gewachsenen Ast besonders hübsch aus. Hier kommen dann die natürlichen Stroh- und Grastöne gut zum Vorschein.

1. Reihe – linker Stern

3 dicke Strohhalme, 7 cm lang,
9 feine Grashalme, 11 cm lang.
Aus 3 Strohhalmen und 3 Grashalmen arbeiten Sie einen Stern. Einen fertigen zweiten Stern aus den restlichen 6 Grashalmen legen Sie nun auf den ersten und verweben beide miteinander.
Zuschnitt der Halme siehe Bild.

1. Reihe – rechter Stern

6 dicke Strohhalme, 8 cm lang,
6 dicke Strohhalme, 11 cm lang.
Aus den Strohhalmen und den Grashalmen machen Sie einen Stern. Der Grasstern wird wiederum auf den Strohstern gelegt und beide zusammengebunden.

2. Reihe – linker und rechter Stern

Für jeden Stern sind jeweils 8 dicke Strohhalme, 12 oder 13 cm lang, und 8 dicke Grashalme, 13 cm lang, erforderlich.
Aus diesen 8 Strohhalmen und 8 Grashalmen wird jeweils ein einzelner Stern gebunden. Der Grasstern wird auf den Strohstern gelegt und beide miteinander verwebt. Diese Sterne können auch noch größer hergestellt und verschieden zugeschnitten werden.

3. Reihe

Für jeden Stern braucht man jeweils 8 mittelstarke Strohhalme, 10 cm lang, und 8 mittelstarke Grashalme, 10 cm lang.
Daraus arbeitet man jeweils einen Stern und bindet Gras- und Strohstern wieder zusammen.
Herstellung dieser drei Sterne wie bei der oberen Reihe, nur sind diese hier kleiner. Der Zuschnitt ist wieder aus dem Foto ersichtlich.

Diese Sternmodelle können natürlich auch noch größer angefertigt werden. Hierzu ist dann allerdings die doppelte Halmzahl erforderlich.

Oberer Stern

20 dünne, 15 cm lange Halme werden in der Mitte fest abgebunden. Am besten in zwei Arbeitsgängen. Nun binden Sie beide Teile zusammen: Mitte an Mitte. Der Faden wird hierbei so fest angezogen, daß dabei ein Rad entsteht. Dieses Rad wird dann mit einem feinen, gespaltenen Strohhalm in Kettwebung zusammengeschlossen. Zum Schluß werden die gleichlangen Halmspitzen zurechtgeschnitten. Siehe Beschreibung: „Rad binden". Diese Radbindetechnik ist auch für das Innenteil der Rauchährensonne anzuwenden.

Unterer Stern

Hierzu braucht man 16 Strohhalme, etwa 20 cm lang, die wiederum, wie oben, zum Rad gebunden werden und mit Kettwebung zusammengeschlossen werden.
Jeder zweite Halm wird nun auf die Hälfte gekürzt, Schnittausführung wie oben.
Auf die restlichen 16 langen Halme wird nun ein kleines Sternchen aus je 4 Halmen, etwa 5 cm lang, aufgesteckt und festgeklebt.
Dieses Modell können Sie auch aus einer anderen Halmzahl und Halmlänge anfertigen. Er ist sehr flach und eignet sich daher gut als Fensterschmuck.

Sternenkugel, ca. 20 cm ∅

Aus je 4 mittelstarken, 3 cm langen Strohhalmen fertigen Sie 20 Sterne.
Je 10 dieser Sterne schneiden Sie in gleichem Muster zu. Den Zuschnitt können Sie selbst auswählen.
Die 10 Sterne des gleichen Schnittmusters kleben Sie nun Spitze in Spitze ineinander und versehen auf der linken Seite jedes Sternchen mit einem Tupfer Klebstoff.
Rundum werden diese Sterne nun auf die Kugel geklebt.
Die anderen 10 Sterne ebenso ineinanderkleben und auf die andere Kugelhälfte setzen.

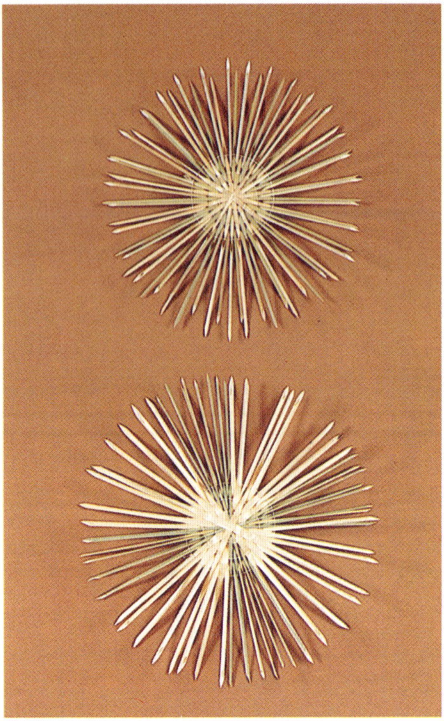

Oberer Stern

Hierbei kommen die herrlichen, natürlichen Grüntöne des Grashalmes voll zur Geltung. 32 gleichlange, gleichstarke Grashalme (ca. 18 cm) werden zunächst zu vier einzelnen Sternen verarbeitet, diese jeweils wieder zu zwei Sternen zusammengebunden und beide wieder zum Endstern miteinander verzahnt.
Den Zuschnitt des einzelnen Grashalmes können Sie schräg ausführen.

Unterer Stern

Er besteht aus je 16 gleichlangen, gleichstarken Stroh- und Grashalmen (20 bis 22 cm) ist folgendes Aufeinanderbinden notwendig:

1. Arbeitsgang: 2 Strohhalme zum Kreuz.

2. Arbeitsgang: 2 Grashalme in die beiden Zwischenräume des Kreuzes legen.

3. Arbeitsgang: 2 Grashalme zum Kreuz.

4. Arbeitsgang: 2 Strohhalme in die Zwischenräume legen.

Dies ergibt dann den ersten Stern. Man braucht hier 4 solcher Sterne. Die 4 einzelnen Sterne werden nun wieder zu 2 Sternen zusammengebunden, die beiden Sterne dann wieder zum Endstern. Beim Zusammenbinden und Aufeinanderlegen der einzelnen Sterne ist darauf zu achten, daß Stroh auf Stroh und Gras auf Gras liegt.

Alle weiteren Sterne sind aus ganzen Strohhalmen angefertigt. Vor der Verarbeitung werden sie in warmem Wasser eingeweicht. Hier ist nun ein stabiler Faden erforderlich, da die Sterne schwerer sind.

Sternenschweife

9 Roggenstrohhalme, der längste Halm mißt etwa 35 cm, werden zu einem Fächer zusammengebunden. Das kürzere Schweifstück sollte etwa 5 cm lang sein.
Mit einem gespaltenen Strohhalm die Halme in Kettwebung ausfächern, die Roggenstrohhalme in unterschiedliche Längen kürzen und auf die Spitzen kleine Sternchen kleben. Die Fadenbindestelle mit einem gespaltenen Strohhalm umwickeln und doppelt abknoten.
Der andere Sternenschweif ist aus 11 Roggenstrohhalmen, etwa 30 cm lang. Hier wurde die Kettwebung am längeren Stück zweimal, am kurzen Stück einmal ausgeführt. Das Aufkleben der einzelnen Sternchen geht aus dem Foto hervor.

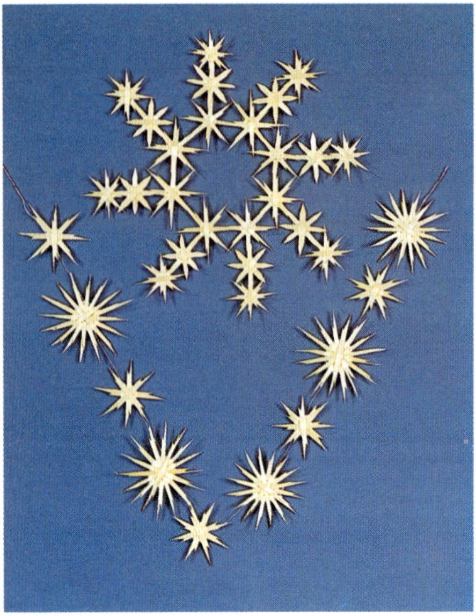

Sternenkranz

Für den innersten Sternenkranz sind 8 gleichgeschnittene Sterne aus gleichmäßig mittelstarkem Stroh nötig, 3 bis 4 cm groß. Diese werden nun zum geschlossenen Kreis mit Klebstoff ineinander geklebt. Der geschlossene Kreis entsteht dann, wenn jeweils der nächstfolgende Stern um eine Zacke nach innen verschoben eingeklebt wird.
Die Anfertigung und das Einkleben der zweiten und dritten Reihe ist aus dem Foto ersichtlich.
Sternengröße wie die Sterne der ersten Reihe.

Sternenkette

Zunächst werden verschieden große Sterne, alle gleich zugeschnitten, aus jeweils 4 und 8 Halmen, etwa 10 bis 14 cm lang angefertigt.
Die verschieden großen Sterne werden nun einzeln an einem langen Faden aufgefädelt. Der Faden wird oben und unten an jedem Stern wieder frisch angesetzt.
Diese Kette eignet sich gut für große Zwischenräume am Weihnachtsbaum. Sie kann auch beliebig verlängert werden.
Sie können auch verschieden zugeschnittene Sterne dazu verwenden.

Rosettenstern

Zunächst werden drei in der Größe gestaffelte Strohsterne, 7, 8 und 9 cm groß, aus jeweils 8 Halmen und ein Grasstern aus acht 15 cm langen Grashalmen gebunden. Nun wird der kleinste Strohstern *unter* den Grasstern gelegt und beide miteinander verwebt. Hierbei wird der Faden so fest angezogen, daß sich der Strohstern nach oben hin wölbt.
Ist der Faden doppelt verknotet und abgeschnitten, drückt man von unten her den Strohstern vorsichtig nach oben, den Grasstern entgegengesetzt, vorsichtig nach unten, so daß der ganze Stern auf seinen „Grasbeinen" steht.
Legen Sie nun die ganze Arbeit auf die linke Seite und binden Sie den zweiten, mittelgroßen Strohstern auf den ersten, so daß Stroh auf Stroh zu liegen kommt. Der dritte, größte Strohstern wird in gleicher Weise auf den zweiten aufgebunden (siehe Abb.).
Zum Zurechtschneiden wird der ganze Stern wieder auf seine rechte Seite gestellt. Die offene Schere wird nun von unten her an die Halme herangeführt. Alle drei übereinanderliegenden Strohhalme werden nun in einem Zug schräg zur Mitte hin abgeschnitten. Die langen „Grasbeine" kürzen Sie gleichmäßig schräg ab.
Diesen Stern können Sie auch zwei- oder vierstockig anfertigen. Er ist sehr dekorativ und eignet sich gut als Tischschmuck.

Dekorative Rosettensternkette

6 verschieden große Sterne werden der Größe nach gestaffelt mit dem Faden in durchlaufender gerader Fadenlinie jeweils untereinander gebunden.
Hier können Sie die Größe der einzelnen Sterne selbst bestimmen.
Anfertigung und Zuschnitt wie bei dem vorangegangenen Modell.

Großer und kleiner Stern

Für die nächsten beiden Sterne wird ein Metallring benötigt: 0,5 cm breit und 2 cm ∅. Über diesen Metallring werden 7 Strohbüschel aus 6 mittelstarken Halmen, 22 cm lang, so gebunden, daß die beiden Hälften des Büschels in gleicher Länge über und unter dem Ring liegen, d. h.: alle 6 Halme werden zusammen in der Mitte abgeknickt und über den Ring gelegt. Das ganze Strohbüschel wird nun gleich oberhalb des Ringes durch dreimaliges Umwickeln mit dem Faden abgebunden. Nun ordnet man die 12 Halme jeden Büschels so zurecht, daß immer 1 vorderer, 1 hinterer, 1 vorderer usw. nebeneinander zu liegen kommt. Gleichzeitig werden alle 12 Halme an jedem Büschel mit dem Faden in Kettwebung zum Kreis geschlossen. Alle 7 Büschel werden nun von der Mitte aus schräg nach rechts und links zugeschnitten.
Kleiner Stern: Wählen Sie ganz feine Halme, ca. 20 cm lang, Halmzahl wie oben, und binden 8 Büschel über den Ring. Ist der Stern mit Kettwebung versehen und zurechtgeschnitten, wird er mit einem geflochtenen Dreier-Kopf verziert, den man dann rundum auf die Kettwebstelle klebt. Diesen Zopf kann man nun auf die hintere und vordere Seite aufkleben.

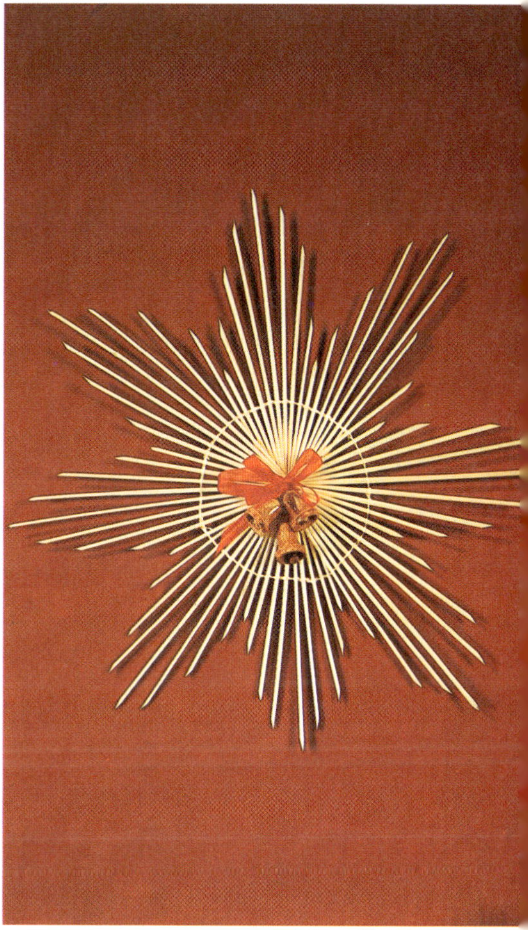

Achtfacher Strahlenhandstern mit Holzglöckchen

Zunächst werden 32 gleichstarke, 22 cm lange Strohhalme ineinandergesteckt und verklebt. Sind die Klebestellen trocken, bindet man aus den feuchten Halmen je 16 Stück in der Halmmitte zu zwei Bündeln zusammen. Beide Bündel werden nun Mitte auf Mitte gegeneinandergelegt und mit dem Faden von hinten nach vorne einige Male durchschlungen und verknotet. Anschließend wird der ganze Sten mit feinen, gespaltenen Strohhalmen zum Rad ausgefächert. (Siehe auch das Innenteil des Sterns auf Seite 28.) Der abgestufte Zuschnitt ist aus dem Bild ersichtlich. Längster Halm ca. 40 cm, kürzester Halm ca. 10 cm, gemessen von der mittleren Bindestelle aus. An diese mittlere Bindestelle werden nun 3 dunkelbraune Holzglöckchen mit einer roten Schleife angebunden.

Doppelte Rauchährensonne

Das Innenteil besteht hier aus zwei verschieden großen Rädern.

Anfertigung des großen Rades:
26 dicke, 22 cm lange Strohhalme werden in der Mitte zusammengebunden und zum Rad mit einem gespaltenen, feinen Strohhalm oder mit einem Faden, ausgefächert. Die Beschreibung für die Herstellung des Rades können Sie auf Seite 12 ersehen.

Anfertigung des kleinen Rades:
23 mittelstarke, 12 cm lange Strohhalme werden im gleichen Verfahren wieder zum Rad gebunden und ausgefächert.
Legen Sie nun das kleine Rad auf das große, Mitte auf Mitte, und schlingen mit dem Faden drei- bis viermal von hinten

nach vorne an der mittleren Bindestelle den Faden durch, bis beide Teile fest sitzen.
Beide Strohräder in gleichmäßige Länge im Rund zurechtschneiden. Der Halm wird gerade abgeschnitten.
In jeden Strohhalm des hinteren, großen Rades wird eine große Rauchähre eingeklebt, in das kleine, vordere Rad ebenso, nur mit gleichmäßig kleineren Ähren.

Haferpyramide

Zunächst besprüht man die Rispen von 4 Haferhalmen mit etwas Goldbronze und läßt sie trocknen.
Dann fertigt man eine Pyramide aus dicken Strohhalmen:
Aus 8 Halmen, je 2 für eine Seite, wird ein Quadrat gebunden, 12 cm lang, an allen vier Seiten. Die Halme werden dazu kreuzförmig übereinandergelegt und festgebunden. An jede der vier Ecken bindet man wieder 2 Strohhalme, 16 cm lang, die nach oben gebogen und als Spitze fest zusammengebunden werden. An alle vier, nach oben verlaufenden Strohhalme wird eine Haferrispe angebunden.
In die Pyramide wird eine dünne oder auch andersfarbige Glaskugel eingehängt. Diese befestigt man an der oberen Spitze mit einem Faden.
Alle vier Ecken des unteren Quadrats werden mit einem kleinen Sternchen aus 4 Strohhalmen ausgeschmückt.
Als weiteren Arbeitsgang werden vier verschieden große Grassterne aus je 32 Halmen angefertigt. Grashalmlänge 9 cm, 13 cm, 15 cm und 20 cm. Alle vier fertigen Sterne werden nun tellerförmig an jeder Sternmitte mit einem Faden untereinandergebunden. Der Faden des obersten, kleinsten Grassternes wird zuletzt mit Tesafilm an der Glaskugel festgeklebt oder auch an der Pyramidenspitze angebunden.

Fensterstern, ca. 40 cm ∅

Sie brauchen dazu:

16 dicke Strohhalme, 22 cm lang, für das Innenteil; 16 dicke Grashalme, 30 cm lang, für das Außenteil.
Aus den 16 Strohhalmen und den 16 Grashalmen fertigen Sie jeweils einen Stern. Legen Sie nun den großen Grasstern auf den Strohstern und verweben beide Sterne miteinander.
Ehe der Faden doppelt verknotet wird, zieht man diesen so fest an, daß sich die Strohhalme leicht nach oben hin wölben, die Grashalme entgegengesetzt nach hinten.
Die übrig gebliebenen Fadenstücke lassen Sie als Aufhänger am Stern.
Die nach oben stehenden Strohhalme werden nun vorsichtig nach hinten gedrückt, indem man mit der linken Hand von unten her die Grashalme nach oben und mit der rechten Hand von oben her die Strohhalme nach unten drückt.

Jeder Halm des inneren Strohkranzes wird nun spitz zugeschnitten, aber die ursprüngliche Länge belassen.
Jeder zweite, sich nach rückwärts neigende Grashalm wird auf 25 cm gekürzt, die restlichen 16 langen Grashalme bleiben 30 cm lang. Auf diese langen Grashalmspitzen setzt man nun 16 kleine Sterne und klebt sie fest.
Herstellung der kleinen Sterne siehe Seite 10 bei Nr. 8. 8 dünne Grashalme, 8 cm lang, und 8 mittelstarke Strohhalme, 6 cm lang, ergeben jeweils 1 Stern.

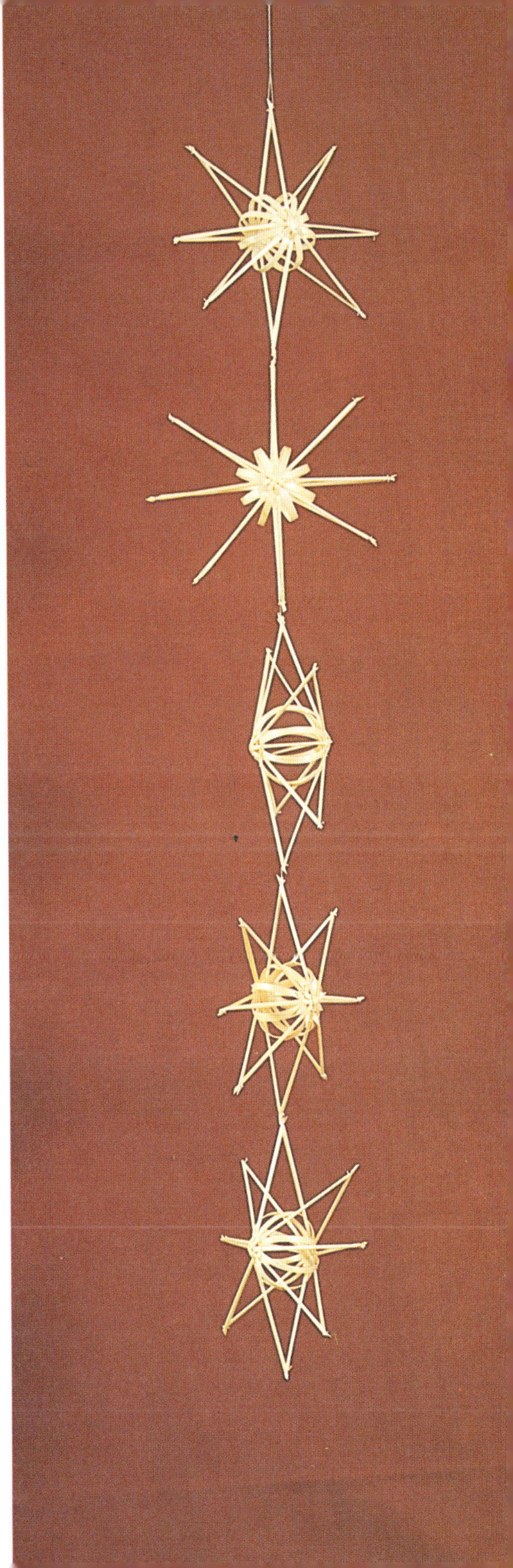

Kette aus 5 Kugelsternen –
ca. 1 m lang

Herstellung eines Kugelsternes:

Aus 4 dicken, 22 cm langen Strohhalmen wird eine Strohkugel angefertigt (Arbeitsanleitung Strohkugel, Seite 2).
Aus zweimal 4 mittelstarken, 22 cm langen Strohhalmen bindet man 2 Sterne.
Die Strohkugel wird so auf den Tisch gelegt, daß die eine Bindestelle nach oben zeigt. In den Zwischenraum dieser Kugelbindestelle wird dann der erste Stern gelegt und mit dem Faden Stern und Kugel miteinander verwebt.
Die andere Seite der Kugel mit dem anderen Stern zusammenbinden. Die oberen und unteren Strohhalme werden nun miteinander zu den Spitzen zusammengebunden. Hierzu mit dem Faden wiederum dreimal die Halme umfahren. Dabei ist darauf zu achten, daß die Sternspitze genau in der Mitte sitzt.
Zur Sternenkette werden 5 Kugelsterne – oder eine andere beliebige Anzahl – an den Spitzen aneinandergebunden.
Diese Sterne wirken sehr schön einzeln am Tannenbaum oder am Adventsstrauß.

Lichterbaum

An einen 22 cm langen, dicken Strohhalm wird im Abstand von 1 cm von oben nach unten immer wieder ein neuer Halm angebunden. Am linken Teil sollen die Halme nach links und am rechten Teil nach rechts abstehen.
Zwölf solcher Strohhalme anbinden. Nun beide Teile gegeneinander legen und die nach rechts und links abstehenden Teile tannenförmig schräg abstufen und auf die äußere Spitze jeden Halmes ein kleines Sternchen kleben.
Für den Stamm als Verstärkung von oben nach unten im Abstand von etwa 2 cm immer wieder einen neuen Strohhalm dazu einbinden, bis es zuletzt 8 Halme sind. An diesen Stamm werden die beiden Teile rechts und links angebunden. Hierzu wird das jeweilig anzubindende Seitenteil an den Stamm gelegt und mit dem Faden zwei- bis dreimal umwunden. Dies in gleichmäßigem Abstand von oben nach unten einige Male wiederholen.
Für die Sternspitze wird nun separat aus 3 Strohhalmen ein Büschel gefertigt. Binden Sie dieses Büschel auf der Rückseite der Baumspitze fest. Auf den mittleren, längsten Strohhalm des Büschels binden Sie verschieden große Sterne.

Dreieckrahmen
15 Grashalme, ca. 40 cm lang, teilen Sie in drei Gruppen auf und binden daraus ein Dreieck. In dieses Dreieck wird nun der Lichterbaum eingelegt und der Stamm an dem Dreieckboden angebunden, ebenso die Baumspitze an der Dreieckspitze. Hierzu nehmen Sie die zwei übrigen Halme des Dreier-Büschels.

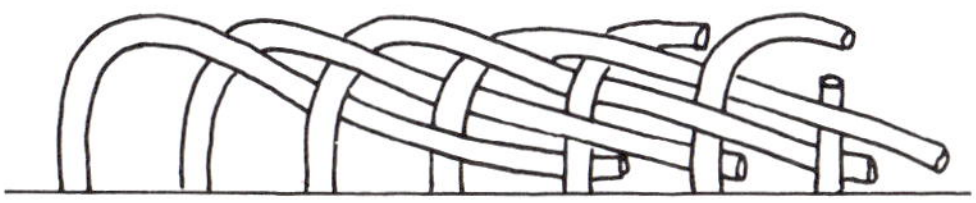

Kerzenständer

Aus 16 dicken, 22 cm langen Strohhalmen fertigen Sie einen Strohstern an.
Knicken Sie jeden zweiten nach unten schauenden Strohhalm am äußersten Fadenkranz vorsichtig nach oben und binden alle 16 abgeknickten Strohhalme mit einem Faden locker zusammen. Es liegen nun noch 16 Strohhalme auf dem Tisch. Schneiden Sie diese an den Halmspitzen zurecht. Mit der Schere spalten Sie einige ganze Strohhalme in zwei Hälften und weben damit die nach oben abgeknickten Halme. Zu Beginn des Webens schieben Sie den Webhalm, der an einer der beiden Spitzen mit etwas Klebstoff versehen wird, in die Sternmitte unter ein paar Sternenhalme, damit Sie einen besseren Webanfang haben. Ein mehrmaliges Ansetzen eines Webhalmes ist hier notwendig. Dies geschieht ebenfalls wie beim Einsetzen eines neuen Fadens auf dem Webrahmen.
Weben Sie das Körbchen etwa 3 cm hoch und flechten den Körbchenrand so, wie es die schematische Darstellung links zeigt.
Umwickeln Sie die Kerze 3 cm hoch mit etwas Alufolie und stülpen diese Folie ein wenig über den Körbchenrand.

Sternen-Domino – verziert mit blauen Schleifchen

Um den Quadratrahmen herzustellen, werden 2 übereinanderliegende dicke, 15 cm lange Strohhalme aneinandergebunden.
Für eine Quadratseite ist ein zweimaliges Ansetzen neuer Halme nach jeweils 12 cm notwendig (siehe Zeichnung).
Alle vier Quadratteile werden einzeln angefertigt und dann an den äußeren Bindestellen zum Quadrat zusammengebunden. Nochmals vier solche Einzelteile werden in derselben Größe hergestellt. Zwei dieser Teile werden nun quer und zwei längs in den Quadratrahmen eingebunden. Diese neu einzubindenden Teile werden an den Bindestellen des Rahmens angebunden, so daß 9 gleichgroße Quadratecken vorhanden sind (siehe auch Rauchähren-Domino).

Als nächsten Arbeitsgang flechten Sie 8 Zöpfe, 36 cm lang, aus 3 Strohhalmen. Anleitung hierzu auf Seite 3. Diese Zöpfe werden nun auf die glatten Halme aufgebunden und an der gleichen Bindestelle befestigt wie die darunter liegenden Strohhalme.
Jedes der 9 Quadrate wird mit einem Stern ausgeschmückt. Die Herstellung der einzelnen Sterne zeigt das Foto; es können auch selbstgewählte Sterne sein.
Jetzt legen Sie das Quadrat auf eine der 4 Spitzen und ziehen das Ganze vorsichtig ein wenig nach unten.
Als Abschluß erhält jede Ecke ein blaues oder auch andersfarbiges Schleifchen. Hierzu wurde 2 cm breites, 3 m langes Geschenkband verwendet. Für das Quadratrahmenunterteil kann man auch 40 cm lange Grashalme verwenden. Dies erspart das mehrmalige Ansetzen neuer Strohhalme.

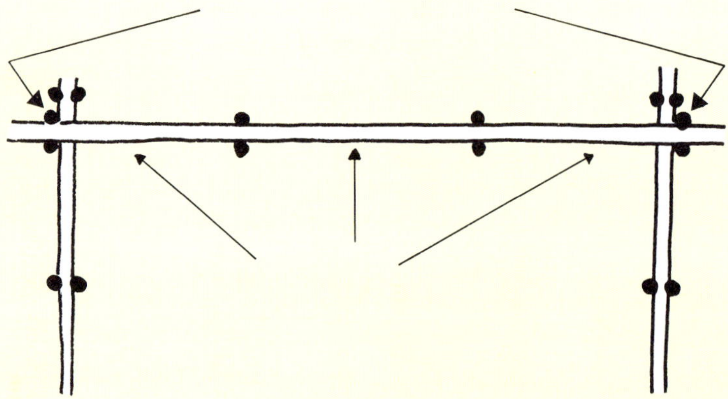

Fensterstern

ca. 50 cm Durchmesser

Als Vorarbeit fertigt man zunächst zwei Stirnfächer aus je 12 und 13 mittelstarken Strohhalmen, etwa 20 cm lang, Fadenbindestellen in der Mitte des Fächers. Umwickeln Sie dabei das Stroh dreimal mit dem Faden und ziehen Sie beide Fadenenden fest an, damit sich die einzelnen Halme spreizen.

Nun legt man beide Teile, Mitte auf Mitte, in entgegengesetzter Richtung aufeinander und fährt mit dem Faden einige Male hüben und drüben durch. Restliches Fadenstück doppelt abknoten und abschneiden. Erst jetzt werden alle Halme zum geschlossenen Rad in Kettwebung ausgefächert und die einzelnen Strohhalme zurechtgeschnitten. In jeden Strohhalm wird nun ein grüner Grashalm eingeklebt. Kürzester Grashalm ca. 5 cm, längster Grashalm ca. 15 bis 20 cm. Hier können Sie die Länge der einzelnen Grashalme auch selbst bestimmen, je nach Fenstergröße. Schlichtheit und Eleganz lassen diesen Stern „strahlen".

Kette mit farbigen Glaskugeln

Herstellung der Zopf-Kugeln:

Zunächst flechten Sie 20 einzelne Zöpfe aus vier Halmen (wie bereits beschrieben). Verwenden Sie dazu 22 cm langes, dickes Stroh. Der fertig geflochtene Zopf ist dann 10 bis 11 cm lang, je nach Flechtdichte. Jeweils zwei dieser Zöpfe werden zu einem Ring an den Bindestellen wieder zusammengebunden; dies ergibt dann 10 Ringe. Legen Sie nun zwei dieser Ringe wie beim Sternebinden kreuzförmig übereinander und fertigen dann wiederum eine Zopf-Kugel aus jeweils vier Zöpfen; dies ergibt dann zum Schluß fünf fertige, gleichgroße Zopf-Kugeln.
Diese Zopf-Kugeln in ihrer runden Form trocknen lassen.

Herstellung der Sterne:

Arbeiten Sie nun sechs in der Größe gestaffelte Strohsterne aus jeweils 32 mittelstarken Strohhalmen. Der kleine Strohstern hat einen Durchmesser von etwa 10 cm, der größte etwa 21 cm. Den Zuschnitt können Sie wie im Bild ausführen, aber auch andersartig.
Nun wird abwechslungsweise, von oben nach unten, jeweils ein Stern – eine Kugel – ein Stern – eine Kugel aneinandergebunden, Sternmitte auf Kugelmitte.
Verwenden Sie hierzu am besten eine Straminnadel mit dem eingefädelten stabilen Faden und heben Sie mit der Schere 4 Strohhalme der Sternmitte vorsichtig etwas nach oben, damit Sie die Nadel gut durchschieben können.
Knoten Sie diese Bindestellen gut ab!
Zum Schluß binden Sie eine rote oder andersfarbige Glaskugel in den Strohring ein.

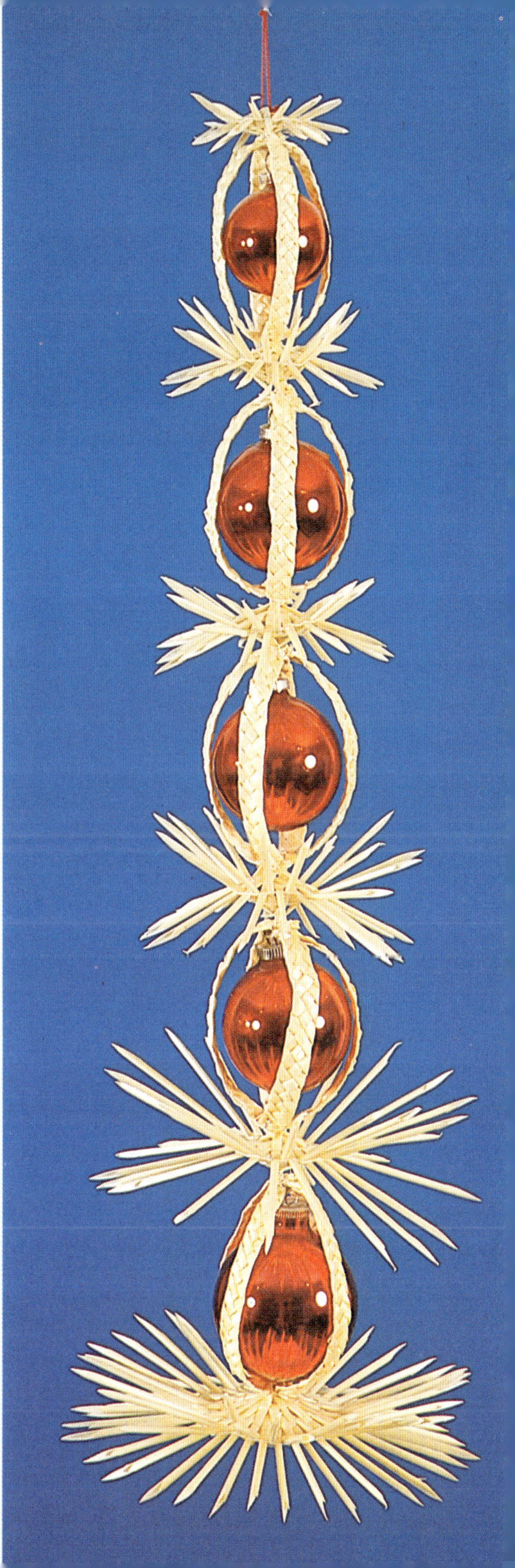

Domino aus Rauchähren

Zunächst werden 4 Rauchährenhalme, etwa 35 bis 40 cm lang, zum Quadrat gelegt, das gleichmäßig an allen vier Seiten 27 cm lang ist. Schließen Sie diese 4 Ecken durch Zusammenbinden und machen dasselbe Quadrat nochmals und legen es so auf das erste, daß jede Ecke eine Ähre hat. Binden Sie beide Quadrate an den Ecken wieder zu einem Quadrat zusammen.
Der Quadratrahmen wird nun mit 4 neuen Ährenhalten in 9 gleichgroße Felder eingeteilt und an den Rahmen angebunden. Dazu werden 2 etwa 40 cm lange Halme längs und zwei quer gelegt. Die kleinen Quadrate sind 9 cm groß.
Als nächster Arbeitsgang werden vier 40 cm lange Ährenhalme zum Kreuz gebunden. Dieses fertige Kreuz wird in die Mitte des Quadrates gelegt und an den äußeren Ecken festgebunden.
Für das Ausschmücken der Kästchen werden einzelnde Strohhalme in der gezeigten Richtung in gleichmäßigem Abstand an den Ecken auf der linken Seite angebunden.
Die kleinen Sternchen bestehen aus je 4, etwa 2 cm langen Halmen. Sie sind an den Spitzen ineinandergeklebt und auf der Rückseite auf ein Kreuz aus zwei Strohhalmen angebunden. Alle 4 Sternenkreuze werden beidseitig auf der linken Seite an den Rauchährenhalmen angebunden.

Das fertige, ausgeschmückte Quadrat wird auf eine der 4 Spitzen gelegt und nach oben und unten vorsichtig in die Länge gezogen. Mit einem schmalen Streifen eines gespaltenen Strohhalmes werden die Fadenbindestellen abgedeckt und auf der linken Seite abgeknotet.
Zum Schluß wird an der oberen Spitze ein Aufhänger angebunden.

Sechseckiger Stern

Durchmesser ca. 55 cm

Zur Anfertigung eines Dreiecks benötigen Sie 12 angefeuchtete Grashalme, je Seite also 4 Stück, etwa 30 cm lang.
Fertigen Sie für diesen Stern zwei solcher Dreiecke und binden diese mit entgegengesetzter Spitze in gleichgroßem Abstand aufeinander (wie beim Dreieckstern Seite 6).
Drei Grashalmgruppen aus ebenfalls je 4 Halmen, etwa 40 cm lang, werden nun sternförmig an die jeweiligen Dreieck-Zwischenräume gelegt und an die bereits bestehenden Bindestellen des Dreiecks mit angebunden. Diese 40 cm langen Grashalme an den nach außen verlaufenden Enden nach allen 6 Seiten gleichmäßig in der Länge zurechtschneiden.
Setzen Sie nun je einen Stroh-Grasstern aus je 8 Halmen auf die sechs langen Grashalme und binden diese von der Rückseite her an. Größe dieser 6 Sterne ca. 13 cm Durchmesser.
Für die 6 Dreieckspitzen benötigen Sie ebenfalls je einen Stroh-Grasstern, Größe ca. 10 cm Durchmesser, auf die 6 Bindestellen binden Sie wiederum einen kleinen Stroh-Grasstern aus je 4 Halmen, Durchmesser dieser Sterne 5 cm.
Zum Abschluß binden Sie nun einen großen Stroh-Grasstern, Durchmesser etwa 13 cm, in die Sternmitte.
Auch dieser Stern ist in anderer Größe herzustellen, dies rechnet man sich am besten vorher aus.
Sie können auch andersartige kleine Sterne aufbinden, z. B. nur aus Stroh.
Nur beide Dreiecke entgegengesetzt aufeinandergebunden und mit Sternen verziert, ergibt wiederum ein anderes Aussehen dieses Sterns.

Achteckiger Fensterstern

Durchmesser ca. 45 cm

Dieser Stern ist aus 8 einzelnen Dreiecken gearbeitet.

Herstellung eines Dreiecks:

Für den Dreieckboden braucht man 2 dicke, 20 cm lange Strohhalme. An diesen Dreieckboden binden Sie links und rechts wieder je 2 dicke Strohhalme, 22 cm lang. Diese oben zur Spitze zusammenbinden.
Stellen Sie 8 solche einzelne Dreiecke her. Alle 8 Dreiecke werden nun nebeneinandergelegt, rundum Spitze an Spitze und mit dem Faden in Webtechnik umflochten, so daß die einzelnen Teile fest aneinandersitzen. Ein zweimaliges Umfahren der Spitzen ist hier notwendig.
Zum Unterlegen dieses Sternes wird nun ein Grasstern aus 8 dicken, 20 cm langen Grashalmen gearbeitet. Dieser Grasstern wird nun unter den Dreieckstern gelegt und beide Teile miteinander in Webtechnik verzahnt wie beim Sternebinden.
Im Zwischenraum eines jeden Dreiecks liegt nun ein Aufsteckhalm des Grassterns. Der andere Grashalm liegt jeweils unter den Strohhalmen. Dieser darunterliegende Grashalm wird mit den 4 Strohhalmen zusammengebunden. Hierzu den Faden dreimal nicht zu eng umwickeln und doppelt abknoten.
Auf die 8 mittleren Grashalme je einen 10 cm großen Strohstern aus 16 mittelstarken Halmen aufstecken und festkleben.
Für die Sternmitte einen 10 cm großen Stroh-Grasstern aus je 8 Stroh- und Grashalmen anfertigen und ankleben.
Die 8 äußeren Dreieck-Bindestellen mit einem gespaltenen Strohhalm abdecken und auf der linken Seite abknoten.
Zum Schluß einen Aufhänger an einer Ecke anbringen. (Zuschnitt siehe Foto.)

Hübscher Fenster- und Wandstern

Durchmesser 60 cm

Innenteil:

Aus 16 mittelstarken, 22 cm langen Strohhalmen arbeiten Sie zunächst einen Stern. Immer 4 Halme werden nun in 4 cm Höhe mit dem Faden dreimal umwickelt und abgebunden, gemessen vom äußersten Fadenkranz; dies ergibt dann 8 Büschel. Jedes der 8 Büschel wird in der Mitte geteilt und mit 2 neuen Halmen des nächstfolgenden Büschels zur Sternspitze zusammengebunden; dies ergibt dann wieder 8 Sternspitzen.
Dieses Innenteil ist mit dem Stern auf Seite 7, links unten, identisch.

Außenteil:

Es werden hierzu 8 Fächer aus je 8 Strohhalmen, 22 cm lang, gearbeitet. (Fächerherstellung siehe Beschreibung Seite 3.)
Jeder Fächer wird nun an die bereits vorhandenen Spitzen des Innensterns fest angebunden, und zwar auf der linken Seite; Fadenbindestelle auf Fadenbindestelle legen und mit Faden dreimal umwickeln und abknoten.
Jeder dieser 8 Fächer wird wieder in der Mitte geteilt (wie beim Innenstern) und mit 4 neuen Halmen des nächstfolgenden Fächers zu einer Vierer-Spitze zusammengebunden. Hierbei beginnt man mit den beiden innersten Halmen, Länge der 4 Spitzen von innen nach außen: 11 cm, 14 cm, 17 cm, 21 cm. Es ist darauf zu achten, daß die gebundenen Spitzen genau in der Verlängerung der ersten Bindestelle des Innensternes sitzen (siehe Detailfoto S. 38).
Anschließend bündelt man achtmal 3 Rauchährenhalme. Dazu wird der Faden wiederum dreimal am Ährenansatz vorsichtig umwickelt und abgeknotet. Die Ährenhalme werden nun auf ca. 20 cm gekürzt. Jedes Ährenbüschel wird auf der linken Seite so in den Zwischenraum der Spitzen gelegt, daß die Ährenhalme durch die Strohhalme verdeckt werden. An den bereits vorhandenen Bindestellen des Innensternes werden alle 8 Ährengruppen festgebunden, ebenfalls der untere Halmteil. Mit einer Straminnadel hebt man vorsichtig ein oder zwei Halme des Innensternes hoch und fährt mit dem Faden darunter durch und bindet die Halme aneinander. Den zu langen Halmrest abschneiden.
Nach dem Festbinden dreht man den Stern auf die rechte Seite und legt Ähren und Grannen vorsichtig nach vorne.
Mit einem gespaltenen Strohhalm werden alle Fadenbindestellen abgedeckt und auf der linken Seite abgeknotet.
Fertigen Sie einen weiteren Stern aus 16 mittelstarken, 20 cm langen Strohhalmen an. Binden Sie wiederum 4 Halme an der äußersten Halmspitze zu 8 Büscheln zusammen.
Dieser fertige Stern wird auf der linken Seite so auf die Rauchährenhalme gelegt, daß die Büschel jeweils in den Zwischenraum des vorderen Sternes zu liegen kommen. Dieser neue Stern verdeckt gleichzeitig die Rauchährenhalme.
Beide Sterne miteinander zusammenbinden. Hierzu benützt man wieder am besten eine Straminnadel und fährt mit dem eingefädelten Faden einige Male hüben wie drüben durch, bis der hintere Stern fest sitzt. Die Sternspitzen des hinteren Sternes werden nun wieder vorsichtig nach vorn auf die rechte Seite gelegt.
An eine Sternspitze wird nun noch der Aufhänger angebracht.

Bei diesem Detailausschnitt des Sternes auf Seite 36 sind die Anbindestellen der Fächer und Rauchährenhalme deutlich sichtbar. Jede Seite der einzelnen Zacken muß genau abgemessen werden, damit die großen Endspitzen gleichmäßig groß werden.

Fensterstern

Durchmesser 42 cm (Bild Seite 39)

Innenteil:

Aus 16 mittelstarken, 19 cm langen Strohhalmen wird 1 Stern gearbeitet. Jeder zweite Halm wird auf 3 cm Länge gekürzt. Schnittausführung siehe Foto.

An jeden zweiten der langen Halme (etwa 7 cm) wird ein kleiner Stern angebunden. Hierzu wird ein 3 cm langer neuer Halm mit dem langen Halm des Innensterns zum Kreuz gelegt, zwei 22 cm lange neue Halme obenauf in den Zwischenraum. Alle 4 Halme werden zusammengebunden. Die 5 kurzen Halmspitzen zurechtschneiden. Alle acht Sterne in der gleichen Technik ebenfalls so

anbinden. Die losen, langen Strohhalme ergeben die lange Zacke.
Für den großen Stern einer jeden Zacke an der Zackenspitze braucht man sechs 9 cm lange Halme. Diese werden zusammen mit den beiden langen Halmen zu einem Stern gelegt. Kreuz – Mal – Kreuz (+ – × – +) usw. und mit dem Faden verwebt.
Auf zwei nach links und rechts abstehende Halme des großen Sterns der Spitze werden nochmals zwei kleine Sternchen aus 3 cm langen Halmen angebunden. Hierzu brauchen Sie 3 neue Halme, der vierte Halm kommt aus dem großen Stern dazu. Die kleinen angebundenen Sternchen werden zurechtgeschnitten. Am Fadenkreuz des Innensterns wird nun noch der Aufhänger angebracht.

Achtfacher Strahlenhandstern

Durchmesser 60 cm

Dieser Stern sollte sorgfältig gearbeitet werden, damit er ruhig und harmonisch wirkt.

Innenteil – Gerippe

Aus 16 dicken, 30 cm langen Grashalmen binden Sie einen Stern, einen zweiten aus 16 dicken, 20 cm langen Grashalmen. Beim Umflechten der einzelnen Grashalme ist darauf zu achten, daß jeder Grashalm fest im Zwischenraum des Fadens sitzt, denn nach dem Trocknen schrumpfen die Grashalme ein wenig.

Legen Sie den großen Stern auf den kleinen und verweben beide Sterne miteinander, Faden nicht zu locker binden! Ist der ganze Stern zusammengebunden, zeigen die kürzeren Halme nach oben, die längeren Halme nach hinten. Nun wird der Stern wieder ins kalte Wasser gelegt, bis die Fächer fertig gebunden sind.

Außenteil – Fächer

Aus 7 dicken, 22 cm langen Strohhalmen arbeiten Sie einen Fächer. Bindestelle des Fadens 1,5 cm ab Halmende.
Fächerherstellung siehe Erläuterung im vorderen Teil des Buches.
Fertigen Sie 16 solche Fächer und tauchen

danach alle wieder in das warme Wasser. Nehmen Sie nun das bereits fertig gebundene Innenteil zur Hand. Auf jeden vierten sich nach rückwärts neigenden, langen Grashalm wird nun als Fächermitte ein neuer, dicker Strohhalm aufgesteckt. Beginn dieses Halmes in 6 cm Höhe ab dem letzten Fadenkranz des Innensterns.
Auf diesen aufgesteckten Halm wird nun links und rechts je 1 Fächer angebunden. Hierzu wird Fadenbindstelle an Fadenbindstelle gelegt und mit Daumen und Zeigefinger der linken Hand das Ganze fest zusammengedrückt. Mit der rechten Hand wird der Faden dreimal um das ganze Büschel gewickelt und die beiden Fadenenden fest nach rechts und links gezogen.
Das ganze Büschel muß fest auf dem Grashalm sitzen. Schneiden Sie die Fadenenden nun kurz ab. Das ganze Büschel hat jetzt 15 Halme.
Alle Büschel in derselben Bindetechnik anbinden.
An den mittleren der 3 Grashalme im Zwischenraum jeden Büschels wird nun 1 linker und 1 rechter Strohhalm von 2 Büscheln zu einer Spitze zusammengebunden, Höhe 5 cm.
Alle 8 Spitzen ebenfalls zusammenbinden. Die restlichen 2 Grashalme links und rechts jeder Spitze werden auf der Höhe der Bindestellen abgeschnitten (siehe Bildausschnitt rechts).
Ist dies alles fertig, wird der Stern mit einem langen Faden in Kettwebung ausgefächert; Beginn und Ende der Kettwebung an einer der Spitzen, neues Ansetzen des Fadens am Ende der Spitze. Ein mehrmaliges Ansetzen des Fadens ist notwendig, je nach Länge des Kettfadens.
Jetzt erst wird jede Strahlenhand zurechtgeschnitten. Hierzu beginnt man am mittleren, aufgesteckten Halm jeden Büschels. Er wird nur spitz zurechtgeschnitten. Die je 6 restlichen Halme zu beiden Seiten eines jeden Büschels werden stufenweise, schräg zur bereits gebundenen Spitze hin, abgeschnitten (siehe Bildausschnitt rechts).
Mit einem gespaltenen Strohhalm werden alle 8 Bindestellen der Büschel abgedeckt und auf der linken Seite abgeknotet.
Der Abdeckstreifen wird weicher und läßt sich besser verknoten, wenn man mit dem Fingernagel einige Male auf der linken Seite des Streifens nach oben und nach unten fährt.

Zuschnitt des Innensterns:

Alle dazugehörenden Grashalme zeigen nach oben. Jeder vierte Grashalm wird auf 8 cm zurückgeschnitten. Der mittlere der drei übrigen Grashalme auf 4 cm, die restlichen Grashalme links und rechts auf 1,5 cm.
Binden Sie nun 16 Stroh-Grassterne aus 5 cm Halmlänge und schneiden alle nach dem Foto zurecht.
Auf die äußersten 8 längsten Grashalme und auf die 8 mittleren wird je 1 Stern geklebt. Dabei hilft ein wenig Klebstoff an der Grashalmspitze.
Der Aufhänger wird an eine der 8 Spitzen angebunden.
Verschenken Sie doch mal zu Weihnachten einen solchen Stern. Er wird sicher viel Freude bereiten.

Hinweis:

Schmücken Sie einmal Ihren Adventsstrauß oder Ihren Weihnachtsbaum mit selbstgebastelten Strohsternen und dazu passendem Zubehör, wie etwa Honigkerzen und roten Glaskugeln.
Sie werden viele Jahre Ihre Freude daran haben!

Sonne, Mond und Erde

Zubehör:
2 Metallringe mit 30 cm und 25 cm Durchmesser.

Für diese beiden Ringe werden zwei Zöpfe aus je 3 Strohhalmen geflochten. Der Zopf für den großen Ring erfordert ca. 2,50 m, für den kleinen Ring ca. 2 m Länge.

Der noch feuchte Zopf wird dicht um den dazugehörenden Metallring gewickelt. Anfang und Ende überwickeln Sie ein kurzes Stück und umbinden dann den Schluß mit dem Faden.
Nun legen Sie den kleinen Ring in den großen und binden diesen mit einem etwa 10 cm langen stabilen Faden fest.
Für die Außenseite des großen Ringes werden 24 kleine Sternchen gemacht, 4 Stroh-

halme à 3 cm Länge. Diese werden in gleichmäßigem Abstand (etwa 2 cm) an die Außenkante des großen Ringes angebunden. Zum Festbinden wird die Straminnadel mit dem eingefädelten Faden schräg durch die oberen 2 Sternhalme hindurchgeschoben. Fadenanfang und -ende um den Ring wickeln und doppelt verknoten.
Als Innenstück hängen Sie eine Sternenspindel so ein, daß diese sich im kleinen Ring frei nach allen Seiten drehen kann.

Herstellung der Sternenspindel:

Aus 16 dicken, 20 cm langen Strohhalmen wird zunächst ein Rad gebunden, Bindestelle des Fadens in der Mitte. Mit einem feinen, gespaltenen Strohstreifen wird dieses in Kettwebung umwunden und geschlossen. (Siehe auch Herstellung des Rades auf Seite 13 oben.)
Zweimal 8 Strohhalme, 20 cm lang, in derselben Stärke werden nun wieder wie zuvor zum Rad in der Mitte abgebunden. Diese beiden Teile werden nun nicht in Kettwebung zum Rund geschlossen, sondern bleiben in ihrer jetzigen Halbmondform, und an den beiden Fadenbindestellen rechts und links an das bereits fertige 1. Rad angebunden. Hierzu ziehen Sie den Faden mit der Straminnadel einige Male hüben und drüben durch, bis beide Halbmondteile fest am Rad sitzen.
Alle Halme der vier Teile kürzen Sie nun gleichmäßig auf 10 cm Länge. Jeder Halm wird gerade abgeschnitten.
Als Abschluß kleben Sie auf jeden dritten Strohhalm der Spindel ein 2 cm großes Sternchen aus 4 Halmen.
Dieses Stück sollte so aufgehängt werden, daß es sich nach allen Seiten frei bewegen kann.

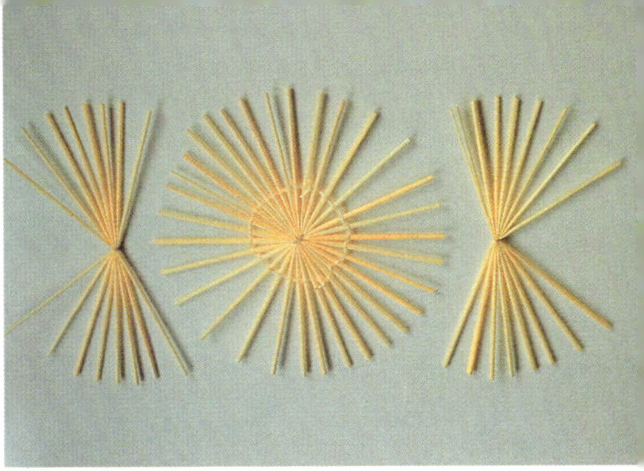
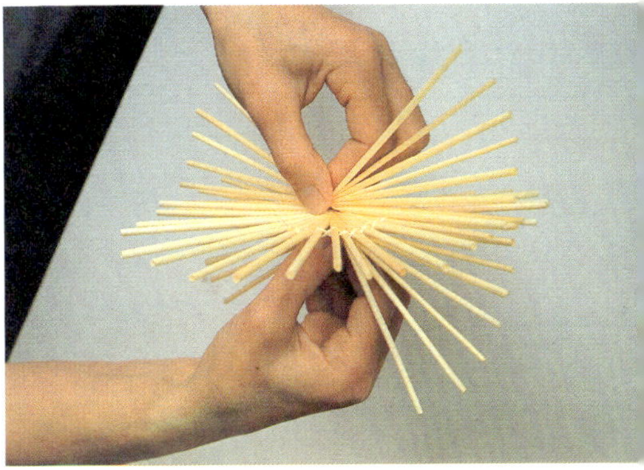
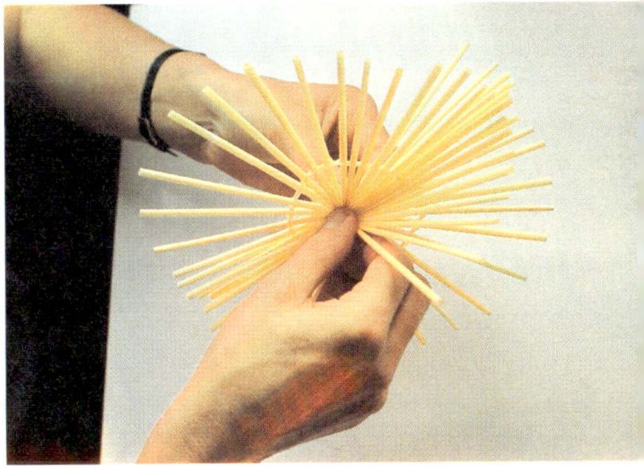
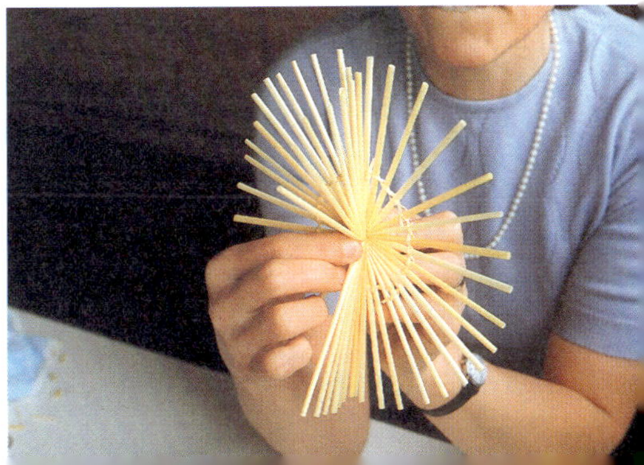

Schmücken Sie Ihren Makramee-Fensterring zur Weihnachtszeit mit einem Strohstern aus. Dieser ist aus 16 roten, 22 cm langen Halmen gefertigt. Die Anleitung für die Herstellung des Fensterringes finden Sie sicherlich in einem der TOPP-Bücher.

ISBN 3-7724-0448-0 · Best.-Nr. 734

 5. Auflage 1982
frech-verlag
GmbH + Co. Druck KG Stuttgart
Druck: Frech, Stuttgart
Modelle: Helga Jüngling

Anschrift: 7440 Nürtingen-Hardt, Herzog-Ulrich-Straße 6.